EMPRESARIO EXITOSO

EMPRESARIO EXITOSO

INDICE

Comenzamos... **5**

Hoy no es todo, realmente **9**

Establezca la meta ahora, para el beneficio de mañana **14**

Creciendo y Manteniéndose Verde **21**

Cómo entender su mercado **32**

Tendencias vs. Trend Setter **39**

Principal: Historia **46**

Invertir en conocimiento **53**

Éxito de crecimiento sin desperdicio potencial **63**

Gestión de los principios monetarios **72**

Marketing para el verdadero éxito **89**

Principios para recordar y usar **101**

Pensamientos finales **103**

EMPRESARIO EXITOSO

Comenzamos…

¿Qué significa para usted ser empresario?

Cualquiera que esté interesado en encontrar el verdadero éxito a lo largo de su vida puede hacerlo, con las herramientas adecuadas, la cantidad adecuada de ambición y el conocimiento para hacer que todo suceda. Sin embargo, el empresario, sin importar en qué negocio se encuentre, debe planear con anticipación y encontrar el éxito a través de mucho más que estas cosas.

Para ser un empresario, usted no sólo está buscando beneficios en este momento. Mientras que usted está seguro de querer que su negocio realmente despegue y le vaya bien en su primer año, su infancia, es tan importante, si no más, que las metas a largo plazo que usted tiene coincidan con la necesidad que usted tiene también.

A largo plazo, el mundo del emprendedor es muy diferente y mucho más único. Para encontrar el verdadero éxito, necesita pensar tanto en el presente como en el futuro, dos veces más.

¿Cómo y qué harás para asegurarte de que tu negocio, el que tanto has trabajado para hacer que suceda en primer lugar, lo haga a largo plazo? Aunque esto no es algo fácil de hacer, puedes hacerlo con habilidad.

En este libro electrónico, usted aprenderá algunos de los principios más esenciales para proteger su negocio no sólo hoy, sino también a largo plazo.

Como nuevo empresario o aspirante a empresario, no pensabas en lo que te depararía el futuro porque sólo importaba el presente. Sin embargo, ahora es el momento perfecto para dar un paso atrás y descubrir cuál es la mejor manera de manejar su negocio a largo plazo.

Si desea tener un negocio que le permita tener éxito y dinero en su bolsillo en el futuro, es esencial que pase algún tiempo planeando para que esto suceda.

La buena noticia es que no tienes que ir a la escuela o ser un científico espacial para darte cuenta de esto. De hecho, proporcionamos una gran cantidad de información y recursos que usted necesita aquí, sin necesidad de buscar en ningún otro lugar.

Por supuesto, también esperamos que se sienta inspirado para dar el siguiente paso y encontrar el verdadero beneficio de su negocio poniendo estas cosas en acción en primer lugar. Cuando usted hace estas cosas, el verdadero éxito y el dinero en su cartera es todo lo que importa.

Hoy no es todo, realmente

Como empresario, su trabajo es muy detallado. Tienes que ser el creativo. Tienes que ser el jefe. Usted necesita mantener la visión de su negocio a la cabeza de todas y cada una de las cosas que usted hace para ese negocio. Pero, hoy no es todo.

Como propietario de un negocio, usted debe recordar el hecho de que los objetivos a largo plazo y el proceso de su negocio sólo pueden suceder si usted planea para ello ahora, no en el día.

Probablemente has oído a la gente decir que necesitas hacerlo; "¡Vive el día!" Como empresario, esto no es posible y no debería ser la forma en que usted mantiene su agenda empresarial.

Pero, ¿por qué no?

La mayoría de las veces, nos gustaría pensar que todo lo que realmente necesitamos hacer es elaborar un plan y aferrarnos a él. De alguna manera, las cosas se pondrán en su sitio. Tiene que hacerlo. Es todo lo que puede hacer.

Sin embargo, desde el punto de vista empresarial, hay mucho más en lo que pensar.

Por ejemplo, usted puede tener empleados que necesitan los fondos que provienen de su negocio para sus gastos diarios.

Es posible que deba tener en cuenta los beneficios generales que tiene para mantener su negocio en marcha. ¿Qué hay de tus bienes? ¿Sobrevivirán al proceso? ¿Qué hay de tu flujo de efectivo? ¿Qué pasará si algo sale mal?

Todas estas cosas son realmente sólo la punta del iceberg cuando se trata de arruinar un negocio a largo plazo. El resultado final es que usted necesita considerar cómo será su negocio hoy, así como diez, veinte y más años después.

Piensa en esto

Antes de empezar, es esencial que usted entienda dos conceptos de sus negocios.

Cuando tome una decisión en su negocio, hágase estas preguntas en primer lugar.

1. Cuando tomo esta decisión, ¿cuáles son los efectos inmediatos y a corto plazo de hacerlo? ¿Cómo afecta esto a mi negocio hoy en día?

2. Cuando tomo esta decisión, ¿cuál es el efecto a largo plazo de tomar esta decisión? ¿Cómo afectará esta decisión a mi negocio dentro de unos meses y años?

Cuando te tomas el tiempo para considerar cuidadosamente las decisiones que ocurren frente a ti, te pones a ti mismo a cargo de tu destino.

Si usted permite que las tarjetas caigan donde

puedan, es posible que no esté en el negocio dentro de seis meses. Por lo tanto, mientras trabaja con este libro electrónico, pregúntese qué pasos puede tomar ahora mismo que mejorarán su negocio en general a corto y largo plazo.

Por supuesto, debemos mencionar que nunca hay una forma segura de saber qué nos depara el futuro. No hay manera de saber si realmente estás tomando la decisión correcta o no. Pero, lo que tienes que hacer aquí es asegurarte de dar a mañana la mejor oportunidad posible.

No deje que suceda, haga que el hoy cuente para el mañana y el mañana también para el mañana.

Establezca la meta ahora, para el beneficio de mañana

No importa de qué aspecto de su vida esté hablando, el establecimiento de metas es un factor crucial a lo largo de todo el proceso. Como verá, cada una de las decisiones que tome como empresario afectará su objetivo general de tener éxito con su negocio. Sin embargo, es mucho más que eso.

También debe establecer metas porque pueden ayudarle a tomar las decisiones correctas durante todo el proceso de llegar al nivel de éxito que se avecina. Al invertir el tiempo y la energía que tiene para establecer metas ahora, se ayuda a sí mismo en cada decisión que toma para alcanzar el resultado final que espera.

En otras palabras, si usted establece algunas metas generales hoy, puede ayudar a asegurar que su negocio estará allí y será próspero a lo largo del futuro del negocio. Los goles ahora cuentan.

Si bien todos tenemos el mismo objetivo de alcanzar el éxito en el futuro, todavía tenemos que establecer objetivos que nos ayuden a llegar a ese punto. No sucede de la noche a la mañana!

Cómo fijar metas con éxito

Cuando se trata de fijar metas, no somos muchos los que somos muy buenos para hacerlo. Hay muchas oportunidades para cometer errores, pero el verdadero problema es cómo los cometemos y qué hacemos una vez que los cometemos.

Para empezar, es esencial saber cuáles son sus metas. Tómate unos minutos ahora mismo para resolver esto. Simplemente siéntese con una hoja de papel en blanco (¡sí, también puede usar su computadora!) y evite todas las distracciones durante diez minutos.

Escriba todo lo que le venga a la mente con respecto a sus metas.

¿Qué son ellos?

¿Dónde quieres estar en un año?

¿A quién quieres tener contigo?

¿Dónde ve su negocio en cinco años? 20?

¿Qué cantidad de ventas en dólares le hará feliz este año?

¿Qué necesita ganar en beneficios para alcanzar un nuevo nivel de satisfacción cada año?

Todas estas cosas pueden ser cosas que despierten tu mente. Determine dónde estará su negocio en los próximos años. Para empezar, busque a largo plazo. Luego, siga estos consejos.

La escritura de metas se hace fácil a través de algunos pasos básicos.

1. Escriba su meta a largo plazo. Este es el lugar en el que quieres estar en varios años, o el lugar en el que necesitas estar para tener tanto éxito como planeas tener.

2. Dese un marco de tiempo para hacer que eso suceda. Puede que quieras decir que quieres hacer tu primer millón en dos años. O, puede tomar muchos más para que eso suceda. Darle a su meta un marco de tiempo ayuda a que su mente se fije en cómo hacer que eso suceda. Si lo dejas abierto, las metas a largo plazo no son beneficiadas por tus acciones cada día, como lo serían aquí.

3. Dese metas más pequeñas para alcanzar a medida que avanza hacia la más grande. Por ejemplo, el nuevo empresario puede decir que quiere estar en una oficina, establecida y funcionando en el plazo de un mes. En seis meses, planea obtener ganancias, después de que se hayan pagado los gastos. Determine cuáles son sus pasos para alcanzar su meta. Asegúrese de escribirlos con marcos de tiempo adjuntos también.

4. Ahora, escríbalas a mano sobre papel de la siguiente manera. "Dentro de seis meses, habré pagado toda la deuda que tengo y estaré a salvo. Lo haré presionando las ventas y no presionando ningún gasto nuevo durante ese tiempo". De esta manera, usted ha enumerado no sólo cuál es el objetivo y el marco de tiempo para lograrlo, sino también cómo lo logrará.

5. Tome este pedazo de papel y colóquelo por todas partes y en cualquier lugar donde pueda verlo por lo menos varias veces al día. Verlo te permitirá pensarlo. Pensar en ello hace que suceda. El éxito a través de los objetivos es la única manera de encontrarlo.

Ahora que sabes cuáles son tus metas, es esencial que te asegures de que se cumplan.

Usted necesitará leer esas metas cada día, por lo menos una vez al día. Cuando lo piensas, lo ves, lo sientes, haces que suceda.

A lo largo de los próximos capítulos discutiremos las decisiones a largo plazo que debe tomar, así como las diversas cosas que debe hacer para que se cumplan.

Cuando vaya a través de cada paso, determine su meta para ello. ¿Cómo lo implementará en su jornada laboral actual y cómo se asegurará de que suceda?

Creciendo y Manteniéndose Verde

Cuando estás verde, estás creciendo. Una vez que empiezas a ponerte rojo, estás expirando. ¿No quieres ser siempre verde entonces?

Como empresario, una cosa que debe tener en cuenta es que el mundo nunca permanece igual. En su mayor parte, usted siempre va a encontrar algunos cambios que están ocurriendo. Como dueño de un negocio, si usted no puede ajustar su negocio a esos cambios, puede encontrarse con más problemas que beneficios.

Muchas empresas han tenido que cerrar simplemente porque su producto ya no funciona con lo que el consumidor necesita. Tampoco importa el tipo de negocio que tenga. La conclusión es que si no eres verde y estás creciendo, no vas a estar en el negocio por mucho tiempo.

¿Su negocio es verde y está creciendo?

La meta a largo plazo

El objetivo a largo plazo de cualquier situación de negocio es asegurar que sean capaces de satisfacer las necesidades del cliente o consumidor. Si no pueden hacer esto, no pueden tener consumidores y eventualmente quedarán fuera del ámbito de aplicación. Si lo hacen, encontrarán recompensas continuamente con mayores beneficios y nuevos clientes para llenar sus bolsillos.

En este caso, la meta a largo plazo que usted necesita hacer es mantener el verde. Usted necesita mantener algún aspecto que le ayudará continuamente a seguir adelante con lo que está sucediendo dentro de su negocio.

Si no está seguro de por qué es importante, por ejemplo, la situación actual.

Hoy en día, oímos hablar bastante sobre el coste de la energía, el coste del gas y todo lo que conlleva. De hecho, hoy en día, hay más gente que nunca que sabe cuál es el costo de un barril de petróleo crudo. ¿Por qué es esto; y qué hace esto por la industria?

Si no ha pasado tiempo comprando o comprando un coche, es posible que no se dé cuenta de que muchos fabricantes están luchando por mantenerse en el negocio. Su problema es que sus coches, camiones o cualquier cosa en el medio no son capaces de satisfacer las demandas del consumidor.

¿Por qué no? Es posible que no puedan ofrecer un kilometraje lo suficientemente bajo. Cada año que pasa, más y más consumidores buscan una mejor manera de satisfacer sus necesidades energéticas. Esto se interpone en el camino de los coches que son híbridos y de los que no funcionan con gasolina.

En estos casos, si la empresa no puede satisfacer las necesidades del consumidor, ¿cómo pueden dirigir empresas eficaces?

No pueden, y eso es lo mismo que puede pasarle a prácticamente cualquier negocio. A menos que su negocio pueda ser verde, creciendo y explorando nuevas rutas a tomar, no puede satisfacer las necesidades del consumidor, que es, por supuesto, el alma de la empresa.

Cómo hacerlo

La pregunta que usted debe hacerse, entonces, es ¿qué necesita hacer para que esto suceda en su negocio?

Digamos que tienes un negocio en Internet. Tal vez una de las cosas importantes que usted debe hacer es mantenerse al día con la optimización de motores de búsqueda.

Si usted no sigue y se mantiene en contacto con las nuevas reglas y el cambiante esquema de asuntos, su sitio web no estará bien posicionado y se saldrá del ámbito de lo que vale la pena.

En este caso, es esencial que usted mantenga la habilidad de mantener sus conocimientos y habilidades en la más alta calidad. Lo mismo ocurre con otros negocios, como las agencias de seguros y las inmobiliarias. A menos que usted mantenga su conocimiento en la cima, no puede asegurarse de que está haciendo lo correcto.

Hay otras maneras en las que usted necesita pensar acerca de esto también. Por ejemplo, ¿qué pasa con el marketing? Si su mercadotecnia no es lo suficientemente moderna (o resulta que es demasiado moderna para el mercado equivocado), es posible que se encuentre en problemas.

En este caso, es esencial que encuentre la manera de llegar a la audiencia adecuada con el medio adecuado y de mantenerlo al día. Usted ya sabe cómo comercializar su negocio; sólo asegúrese de mantenerse al día sobre cómo hacerlo a medida que el mercado cambia.

¿Qué otros aspectos de su negocio puede pensar que tienen el mismo potencial para su atención?

Encontrar las diversas formas de mantenerse fresco puede incluir mantener el producto de su negocio fresco, con la última tecnología y aspectos que se adapten a las necesidades del consumidor e incluso reinventarse a sí mismo para asegurarse de que la empresa siempre se mantenga en la cima.

Cuando usted invierte tiempo y dinero en mantenerse verde, el negocio siempre tiene el potencial para el éxito.

Entendiendo al siempre cambiante consumidor

Una de las cosas más difíciles que tendrá que hacer como empresario es asegurarse de que satisface las necesidades de sus consumidores. Lo difícil de todo esto no es el hecho de que se necesita hacerlo, sino más bien la forma de entender a los consumidores.

Algunas compañías gastan millones de dólares en investigación cada año para asegurar que su producto o su argumento de venta sea bien recibido por la economía. Los factores que dan miedo son que, incluso con todo eso, siguen arriesgando mucho y a menudo fracasan en lo que están haciendo.

Esto puede hacer que el pequeño empresario se pregunte cómo puede permitirse el lujo de hacer que esto suceda.

Comprender al consumidor no es una tarea fácil. Sin embargo, es esencial que alguien trabaje duro para encontrar esta información.

Si usted está interesado, puede hacerlo a través de la contratación de una empresa para realizar su investigación de mercado. Esta puede ser una decisión sólida que se proporciona a un costo decente para usted.

Dependiendo de su negocio específico y de su producto, así como de su presupuesto de marketing, esta puede ser una buena opción para usted.

Por otro lado, puede que no sea algo que usted desee perseguir. En ese caso, es esencial que invierta algún tiempo en encontrar la solución correcta a través de otros medios. No importa lo que haga, desde hablar con sus clientes individualmente hasta observar las tendencias del mercado en lo que hace su competencia, el objetivo es asegurar que usted siga ofreciendo el mejor producto posible.

Para asegurarse de que usted es verde, compare lo que tiene para ofrecer a las otras opciones del consumidor. ¿Qué es lo que tienen que los hace una mejor opción sobre ti?

Cuando puedas responder a eso y luego abordarlo, serás verde y crecerás, creciendo hacia los beneficios, por supuesto.

Cómo entender su mercado

Una cosa que necesitamos mencionar es que el mercado al que usted se enfrenta es probable que sea muy diferente al mercado al que se enfrenta otra persona. Las metas que usted tiene en comparación con las metas de otra persona son muy diferentes. De hecho, usted está seguro de que se verá a sí mismo esforzándose por obtener beneficios que no están a la altura de los objetivos de su negocio.

En primer lugar, dar un paso atrás, fuera de la imagen y mirar a su mercado.

Si usted está vendiendo en Internet, mire a

los otros vendedores.

Si usted es dueño de un pequeño negocio local, dé un paso atrás y mire su mercado local.

Lo que sea que estés haciendo, retrocede.

Para considerar ahora

El mercado en el que usted trabaja depende en gran medida de quiénes son sus clientes. Si usted está buscando el éxito inmediato, el simple hecho de abrir sus puertas puede ayudarle a comenzar. Pero, al mirar su mercado, usted puede ver mejor varias cosas.

Pregúntese a sí mismo y responda a estas preguntas antes de seguir adelante.

- ¿Quién es mi cliente? Las personas mayores o los niños, las mujeres de negocios o el dueño del negocio... determinan quién es su cliente.

- ¿Cómo te encuentran? ¿Te encuentran en línea, a través de una simple búsqueda en la web? ¿Necesitan encontrarte a través de un enlace de afiliado? ¿Te encuentran en su área local, en una de las áreas más populares de la ciudad?

- ¿Quién más está ahí fuera? ¿Quién es su competencia? ¿Dónde se encuentran? ¿Qué te ofrecen que te permita mejorarlos? ¿Cómo te mejoran en tu mercado? ¿Por qué están abiertos, alejando los negocios de ti?

- ¿Qué ofreces que sea mejor, de alguna manera, que el otro tipo? ¿Qué es lo que ofrecen que es mejor de alguna manera que tú?

- ¿Adónde va su mercado? ¿La economía está creciendo, se está estancando o se mantiene estable? ¿Qué cantidad de dinero tienen sus clientes para gastar en su producto?

Usted puede seguir y seguir con las cosas que debería estar considerando sobre su propio negocio específico. Entender su mercado es crucial para entender cuál es su futuro.

Si no sabe quién es su consumidor, ¿cómo sabe cómo está cambiando?

Además, usted necesita saber qué esperar del mercado que le rodea. Si usted se da cuenta de que la economía está cayendo, puede que sea necesario retroceder y mirar hacia el futuro de una manera diferente.

Si usted mira su mercado y ve que su competencia ha tomado su producto de una manera diferente y está teniendo éxito con eso, usted necesita hacer un movimiento. ¿Cómo compites? ¿Qué ofrecerás que sea mejor? Además, ¿cómo dará el siguiente paso hacia el éxito? ¿Cómo los mejorarás?

Prestar atención cuenta

Al prestar atención a su mercado, usted tomará mejores decisiones. Cuando usted mira hacia las metas a largo plazo que tiene en su lugar para mantener su negocio en marcha, necesita asegurarse de que su mercado es una de las principales prioridades que usted tiene.

Si no inviertes tiempo en mantenerte en ese mercado, o incluso en expandirte fuera de él, no puedes y no harás que las cosas funcionen. El negocio no puede crecer o mantenerse verde sin una vigilancia constante del mercado que lo rodea.

En capítulos posteriores hablaremos más sobre el crecimiento y cómo visualizar su futuro en este sentido. Sin embargo, es importante tener en cuenta que hay que estar atento a las señales de que el mercado necesita más de su producto o de que no lo está detectando.

No hay duda de que algunas de estas cosas son esenciales para hacer, pero algunas pueden ser difíciles de hacer también. Sin embargo, si no invierte el tiempo necesario para analizar y comprender al cliente que tiene, ¿cómo hará que funcione?

Una vez más, usted tiene la capacidad de contratar a alguien para que haga este trabajo por usted. Pero, usted puede y debe considerar no sólo hacer esto, sino también ayudarse a sí mismo con su propia investigación y conocimiento.

Ser una presencia física en su mercado (incluso en la web) le ayuda a asegurarse de que la gente puede venir a usted. Le permite ver su mercado de primera mano y, por lo tanto, tomar buenas decisiones.

Tendencias vs. Trend Setter

¿Es su negocio un marcador de tendencias? ¿O sigue la tendencia?

Si no está seguro, considere cómo esto juega un papel en su futuro.

Como marcador de tendencias, usted siempre está un paso por delante del juego. Lo que tú haces, otros lo admiran, pero no sólo esta vez. Si usted puede lograr hacer esto a menudo, estableciendo la tendencia que es, usted puede incluso crear el hecho de que usted tendrá a otros que buscan a usted para establecer la siguiente tendencia.

Por otro lado, si usted está siguiendo la tendencia, las cosas no son tan buenas. Usted tendrá que recuperar tiempo para el otro producto o negocio que le está yendo bien. Usted ha perdido un tiempo precioso de ventas en el proceso. Además, siempre tendrás que vigilar al otro tipo para ver qué es lo que va a pasar después, en lugar de estar a cargo de lo que es. Este puede ser un lugar desafiante para estar, en realidad.

Tómate un minuto para pensar en dónde te encuentras en esta ecuación.

¿Tiendes a seguir el ejemplo de alguien más, esperando que haya suficiente en la olla para ti también? O, ¿busca algo nuevo y emocionante y trata de incorporarlo a su negocio?

Dependiendo de su posición actual, esto le ayudará a ver cómo afecta sus objetivos a largo plazo y su capacidad para alcanzar el éxito que desea.

Tendencia a largo plazo?

Todos sabemos que las tendencias van y vienen. Usted también debe darse cuenta de que no todos ellos son el camino correcto para cada negocio. Sin embargo, la tendencia es algo a lo que hay que prestar atención cuando se trata de su éxito a largo plazo.

Como mencionamos, los beneficios de establecer la tendencia en su mercado no se basan sólo en lo básico de la venta. Claro, si usted puede obtener un monopolio sobre un producto por unos días, semanas o más, usted va a tener algunas ventas impresionantes para aprovechar.

Sin embargo, esas ventas pronto desaparecen. A corto plazo, eso es todo lo que importa. Pero, en este caso, estamos hablando de los objetivos a largo plazo.

Si usted es el marcador de tendencias, entonces, sus beneficios a largo plazo de estar en este negocio es que usted tiene más capacidad y movimiento para establecer la siguiente tendencia también.

Algunas empresas del mercado no tienen la capacidad de satisfacer perfectamente las necesidades de sus clientes. Algunos sólo tendrán éxito de vez en cuando se trata de tendencias. Sin embargo, la empresa que es capaz de establecer algunas tendencias puede asegurar una mayor capacidad en el futuro para hacer lo mismo.

Cuando una compañía tiene a otras compañías buscando la siguiente tendencia, ¿adivina quién va a tener éxito a largo plazo?

Considere su reputación

Este es el único factor que juega un papel en el desarrollo de su reputación como empresa también. No todas las empresas pueden decir que tienen una buena reputación con sus consumidores a largo plazo. Sin embargo, los que lo hacen casi pueden contar con un monopolio en su mercado.

Tomemos por ejemplo las tiendas de mamá y papá, que con tanta frecuencia se encuentran en las afueras de su mejor momento. ¿Por qué son tan buenos lugares para ir? Es porque tienen una sólida reputación por proporcionar éxito y por hacerlo bien con su producto. Incluso si su producto es anticuado, sigue siendo algo que se desea y se necesita por su calidad. Eso ayuda a financiar el verdadero éxito con el mercado.

Por supuesto, su reputación entra en juego por más razones o formas que sólo esto. El hecho es que también sucede cuando se considera el servicio al cliente, los precios, las buenas conexiones con la comunidad y así sucesivamente. Todas estas cosas juegan un papel en lo que es su reputación, ¡sólo por nombrar algunas de ellas!

Cuando usted está considerando su objetivo a largo plazo de éxito y tener buen dinero en su bolsillo, ¿cómo juega un papel su reputación?

Hablamos de cómo sucede esto con el establecimiento de tendencias, pero puede ir más allá. En el mundo offline de hoy, es difícil conseguir una buena taza de café sin mendigar. No importa si usted está en línea o fuera de línea con su producto, sin embargo, usted puede obtener muchas recompensas y beneficios con sólo proporcionar un buen servicio.

Construir una reputación es esencial para el crecimiento continuo. Sin embargo, recuerde que una reputación puede ir en ambos sentidos (¡bueno y malo!) Por lo tanto, asegúrese de tener un respaldo sólido de clientes satisfechos en su mercado. Esto valdrá la pena para usted hoy, así como para el futuro.

Principal: Historia

Una cosa que muchos propietarios de negocios no tienen en cuenta lo suficiente es su historia y el aprendizaje que han aprendido de ella. Cuando consideras cómo tu historia afecta tu potencial futuro, puedes ver mejor por qué es esencial que esto sea algo a lo que le prestes una buena cantidad de atención.

¿Aprendes de la historia?

Muchos de nosotros recordaremos las veces que nuestros padres nos regañaron. "¡No vuelvas a hacer eso!" "Aprende de tus errores." Todas estas cosas son muy importantes en el mundo de los negocios también.

En este principio que es crucial para el éxito de su negocio, usted necesita tomar en consideración su pasado y dónde ha estado para ayudarle a averiguar hacia dónde se dirige usted y su negocio.

Preguntas a considerar

Ahora, para empezar con este director, tome en consideración estas preguntas.

1. ¿Dónde has estado y qué has aprendido? Cuando piense en el pasado, determine lo que significa encontrar el éxito de esta manera. ¿Qué antecedentes tienes que te han enseñado algo que podría jugar

un papel en tu vida y bienestar hoy en día?

2. ¿Qué has aprendido de los errores? Todo empresario comete errores al trabajar en su negocio. No importa si eres nuevo o un profesional experimentado, los errores pueden ocurrir una vez por muchas razones. Pero la diferencia es que si permites que ocurra de nuevo. Si no, entonces usted puede encontrar el éxito mucho más fácil y más rápido que si repite el mismo error una y otra vez.

3. ¿Qué te hubiera gustado hacer de otra manera? Los arrepentimientos no tienen que ser desperdiciados esta vez. Como empresario, es posible que tenga en mente varios arrepentimientos. Tal vez usted se sienta como si hubiera perdido una gran cantidad de tiempo para poner en marcha su negocio. Ahora, tome este arrepentimiento y determine lo que haría hoy. ¿Empezaría su negocio antes? ¿Poner más en ello antes?

Comprender estos aspectos de su pasado puede ayudarle a largo plazo. Por supuesto, no queremos seguir cometiendo los mismos errores, pero no hay muchos empresarios que lo hagan.

En cambio, la mayoría de nosotros aprenderemos de nuestros errores, pero sólo si nos tomamos el tiempo para mirarlos y ver qué eran y cómo se podían evitar.

Tu historia es sólo tuya. Ya sea que se trate de una historia de vida personal y de su negocio o sólo de la empresa, es esencial que se detenga a mirar y aprender.

Cometer errores hoy en día no es fácil. Nadie quiere hacerlo, pero si te pasa a ti, haz lo siguiente.

1. Reconocer que algo no salió bien. No te enojes por ello (si es posible) y date cuenta de que algo salió mal.

2. Determine lo que fue y determine cómo sucedió. Obtener la historia completa, aprender el rompecabezas completo permitirá una mejor comprensión. Aprender cómo ocurrió le permite ver con todo detalle cuál fue el error.

3. Decida mejorar sus posibilidades de no permitir que ese error se repita. Para hacer esto, asegúrese de pasar el tiempo necesario tomando decisiones para evitar este problema.

No todas las historias son malas

Es importante notar que la historia no siempre tiene que contarte el lado malo de las cosas. Usted puede y debe ver las cosas buenas que han sucedido en su historia también. ¿Qué fue lo que te llevó a este nivel de éxito en el que te encuentras hoy? ¿Qué es lo que hace que esa primera venta suceda y suceda tan bien?

Echar un vistazo a las cosas buenas que han sucedido en el pasado es parte del principio de mirar al pasado en busca de respuestas para su futuro. Le permiten ver un verdadero beneficio para el bien que ha sucedido en su negocio. Usted puede incluso ser capaz de tomar nota de la forma en que el bien ha sucedido para que suceda una y otra vez en el futuro de su negocio también.

Cuando te tomas el tiempo para analizar todo lo bueno y lo malo que ha pasado en tu pasado, puedes asegurarte de que los beneficios lleguen en el futuro, mientras que los errores no lo hacen.

Como parte de su éxito futuro, usted debe entender su historia y cómo asegurar el futuro a través de esta enorme cantidad de conocimiento que usted tiene. Lo creas o no, este es un toque personal y una experiencia que nadie más puede tener.

Invertir en conocimiento

Si usted es como muchos empresarios, entonces sabe que es esencial tener un buen conocimiento cuando se trata de dirigir su negocio.

Como hemos hablado, es importante asegurarse de que los que le proporcionan la información necesaria lo hacen sin tomar todo su dinero sólo para que usted pueda gastar más.

Por ejemplo, algunos de los errores más comunes que cometen los empresarios que recién comienzan es que simplemente siguen comprando información. Esto es especialmente cierto en el caso de aquellos que están comenzando un negocio en línea.

No hay duda de que se necesita tener una buena cantidad de conocimiento para hacer que algo suceda. Necesitas saber cómo empezar, necesitas saber qué pasos tomar y necesitas saber dónde hacer todo esto. Pero, hay un límite.

Una cosa que debe tener en cuenta es su capacidad para tomar decisiones. Una vez que haya comprado la última versión del kit, tenga en cuenta que está listo para tomar algunas decisiones.

Si usted compra un kit o programa y ve otro que parece ofrecer algunos beneficios adicionales, puede que se sienta tentado a comprar ese también. Después de todo, no puede hacer daño tener más información,

¿verdad?

No hace daño tener una buena cantidad de información, excepto la cartera, por supuesto. Sin embargo, ese no es el problema. El problema es lo que haces con él.

Un principio

Hay un número de cosas que usted puede hacer para que esto le suceda a usted. Recuerda este principio.

Si usted se encuentra comprando un producto después de otro producto, no está pensando en su próximo movimiento productivo, sino más bien en mantenerse firme.

Si usted compra un producto para beneficiar a su negocio, es esencial que lo use y aproveche al máximo antes de pasar a la siguiente compra.

Haciendo que valga la pena

En capítulos posteriores hablaremos sobre el hecho de que usted necesita manejar su dinero de cerca, pero por ahora, debe darse cuenta de que la inversión en cualquier activo o herramienta que beneficie a su negocio debe ser utilizada en su totalidad para que sea una inversión inteligente.

No importa en qué negocio se encuentre, si no se toma el tiempo para invertir en un producto de negocio sabiamente, está literalmente tirando sus ganancias.

Si usted cae víctima de todas esas estratagemas para comprar este kit de greta o ese método seguro de hacer un millón de dólares, seguro que está ayudando a alguien más a hacer ese millón de dólares.

Eso no quiere decir que no deba comprar ninguno de ellos. En su lugar, seleccione el que le proporcione los mejores recursos, invierta en él sabiamente y luego úselo completamente, incorporando todo lo que necesita ser incorporado en el plan.

Cuando usted hace esto, su inversión es beneficiosa para su negocio. Si usted simplemente pasa a lo siguiente, se encuentra enfrentando no beneficios, sino riesgos y una billetera vacía que lo acompaña

Tomando decisiones sabias

En nuestros próximos capítulos, tocaremos algunos activos muy importantes, incluyendo su flujo de caja. Pero, antes de hacer eso, necesitamos tocar el principio de tomar las decisiones correctas con respecto a su negocio.

¿Cómo se toman las decisiones? ¿Haces elecciones impulsivas del momento porque esa es la forma en que te sientes ese día?

¿Trabaja duro para encontrar la solución correcta, hasta el punto de que cuando toma la decisión ya es demasiado tarde?

Si usted hace estas cosas, no está beneficiando a su negocio, sino más bien dejando que las cartas caigan donde deben caer. Este es un gran problema para la inmensa mayoría de los empresarios que están empezando. Tomar decisiones sabias no es fácil, pero debe hacerse, sin embargo.

Una vez que se dé cuenta de la manera en que está tomando una decisión, puede comenzar a corregirla. Para ayudarle a tomar las decisiones correctas, siga estos pasos y consejos para asegurar las decisiones correctas sin dejar que se le escapen.

Consejos para la toma de decisiones

Tomar una decisión es un trabajo duro. Aquí hay algunos consejos para ayudarle.

1. Invierta tiempo en aprender sobre el

posible producto o problema al que se enfrenta. Si está tratando de decidir si compra o no un producto, considere lo que hará para mejorar el rendimiento de su negocio. ¿Qué puede hacer por usted?

2. Dedique algún tiempo a investigar posibles soluciones, tanto lo que ha encontrado como lo que no ha encontrado. ¿Qué puede hacer por su problema? ¿Cuál es el costo más bajo que puede encontrar? ¿Cuáles son los riesgos potenciales de este artículo?

3. Después de esto, determine si la inversión vale la pena para su propio bienestar o el de su negocio. Esperar hasta después de aprender más sobre el producto le permitirá tomar una decisión como conclusión de la investigación que ha realizado.

4. Si usted no puede decidir dentro de unos días, entonces tal vez usted desconoce de este tema o la elección para determinar que es adecuado para su negocio. Déjalo ir y olvídalo. O bien, busque otra opción. No se detenga en ello.

Tomar las decisiones correctas también significa que usted necesita darse cuenta de su estado actual de cosas.

Si su negocio no está atrayendo ganancias porque no tiene las herramientas necesarias, es hora de invertir en nuevas herramientas, de lo contrario su negocio no estará allí el tiempo suficiente para que usted se preocupe por ello.

Si su negocio está funcionando bien y no tiene que colgar, entonces no invierta en algo que no tenga un retorno directo sobre su margen de ganancia.

La mayoría de los empresarios tienen toneladas de personas que vienen a ellos ofreciéndoles una amplia gama de diferentes beneficios, productos y servicios porque, como usted, están buscando hacer que su negocio funcione. No caiga en la trampa de estos hombres de negocios que piensan que pueden resolver sus problemas.

Aunque pueda parecer difícil tomar buenas decisiones en relación con el negocio que tienes, es imperativo que aprendas a confiar en ti mismo. Si usted no confía en sus decisiones, no puede manejar un negocio.

Este también es un principio que usted necesita realizar: Si no confías en ti mismo, no puedes arruinar un negocio exitoso.

Éxito de crecimiento sin desperdicio potencial

Una de las cosas a largo plazo en las que todo empresario debe pensar es en el crecimiento.

El crecimiento es la expansión de su negocio al siguiente nivel. Esto podría significar expandir su negocio para incluir más productos, hacer más cosas o crecer físicamente añadiendo más ubicaciones.

El crecimiento es lo que tiene el potencial para el mayor éxito a largo plazo. Un empresario puede encontrar muchos beneficios para sí mismo si logra crecer con cuidado, sin ir demasiado lejos ni estirarse demasiado rápido.

Si eso suena difícil de hacer, puede serlo. Muchas empresas han fracasado al expandirse demasiado rápido y no tener suficiente cuota de mercado para mantenerlas unidas. Por otro lado, hay muchas empresas que no han crecido tanto como podían y ahora se están perdiendo el margen de beneficio potencial más grande.

También es personal

Por supuesto, el crecimiento de su negocio es una elección personal. No todo el mundo puede determinar dónde se encuentran aquí al principio de su negocio también. Sin embargo, una cosa es segura.

Su potencial de crecimiento tiene mucho que ver con la seguridad de su negocio. Si usted tiene confianza y la seguridad de que su negocio es un negocio que vale la pena existir, entonces por todos los medios usted puede crecer. Si usted no está seguro y no puede tomar decisiones con respecto al crecimiento de su negocio, no puede crecer.

Aunque la mayoría de las personas están listas y dispuestas a aprovechar al máximo la oportunidad de construir sobre lo que han creado, otras están dispuestas a dejar que las cosas caigan como puedan.

Un principio que usted necesita recordar, entonces, es que para tener éxito en su negocio, usted necesita determinar su nivel de seguridad en el riesgo. ¿Con qué se siente cómodo y cómo puede estar seguro de que lo que está haciendo es lo que valdrá la pena a largo plazo?

Estas son preguntas difíciles de responder, pero deben hacerse.

Creciendo demasiado rápido

Una de las peores cosas que puede hacer por su negocio es crecer demasiado rápido. Si usted no tiene los activos y el flujo de caja para respaldar este tipo de expansión importante, es posible que se enfrente a una serie de problemas sólo para mantener su negocio en lugar de preocuparse por expandirlo.

El riesgo de fracaso debido a la sobre expansión demasiado rápida es que es posible que no sea capaz de manejar las obligaciones de varios lugares o de una corporación tan grande. Muchas de las grandes corporaciones que se han enfrentado a esto han fracasado debido al enorme gasto que supone asumir otro edificio, otra nómina, otra unidad.

Sin embargo, el dueño del negocio más pequeño no se enfrenta a este enorme número de riesgos como la corporación más grande. Pero!

Es importante asegurarse de que invierte sabiamente en el crecimiento y no sin antes invertir tiempo. Determinar dónde están sus beneficios potenciales es la primera clave del éxito. Además, una buena mirada a cuáles son las posibilidades está en orden.

¿Estás listo para crecer?

Aquellos que están interesados en encontrar la solución correcta en términos de crecimiento están haciendo lo correcto. Sin embargo, recuerde que es importante tomar una decisión en el estado de ánimo correcto y con la cantidad correcta de investigación realizada en primer lugar.

En términos de crecimiento, lo que la opción correcta es depende de usted individualmente. Haga estas preguntas sobre su éxito:

1. ¿Tiene su negocio el flujo de caja para apoyar no sólo esta ubicación en funcionamiento (o su negocio actual), así como otro?

2. Si usted se está expandiendo, ¿qué le hace creer que esta expansión servirá bien a su negocio?

3. ¿Cuál es el gasto probable del crecimiento y tiene el negocio los medios necesarios para proteger y cubrir ese costo?

Todas estas cosas son cruciales para el éxito de su negocio en el factor de crecimiento. Pero, también necesitas asegurarte de que no limitas tu crecimiento con oportunidades insuficientes.

No lo limites

El error de muchos dueños de negocios es que no ponen su pie ahí fuera y se expanden lo suficientemente rápido o no lo hacen en absoluto. Si bien es esencial no moverse demasiado rápido, es igualmente importante considerar si usted se está moviendo demasiado lento para beneficiarse.

Para entender este factor, usted necesita

volver a su negocio. ¿Estás sacando todo lo que puedes de ella? ¿Puedes hacer más o conseguir un mejor resultado final si creces en alguna forma?

Para aprender la cantidad correcta de crecimiento para su negocio, usted puede hacer estudios de mercado de prueba, invertir en encuestas, o simplemente empezar lentamente y trabajar hasta llegar a él. La cantidad que usted invierte en su negocio depende de usted y de lo bien que le ha ido a la empresa hasta ahora.

Un mal negocio que no está funcionando bien en un lugar puede no funcionar bien en otro.

Un buen negocio que está prosperando puede verse obstaculizado por no moverlo.

Por supuesto, lo contrario también es cierto. La investigación es la mejor manera de determinar dónde está el crecimiento de su negocio.

Gestión de los principios monetarios

¿Qué lo hace rentable como propietario de un negocio? En el siguiente capítulo, veremos las formas en que usted debe manejar su flujo de efectivo y sus activos si planea tener dinero en su bolsillo a largo plazo.

¿Tiene la capacidad de pensar, analizar y finalmente decidir sobre las decisiones relacionadas con el negocio?

Como hemos discutido, su habilidad para hacer estas cosas es lo que los detendrá o los lanzará hacia adelante tanto hoy como en el futuro. Ahora, tome esas ideas y determine qué tan bien encajan en su capacidad de tomar decisiones sobre el éxito de su negocio donde es importante: el margen de beneficio.

A lo largo de este capítulo hablaremos de varios aspectos en detalle, permitiéndole entender completamente lo que necesita hacer para tener éxito en cuanto a la rentabilidad de su negocio.

Controlando su dinero, correctamente

¿Tiene lo que se necesita para administrar su dinero? Si no, es hora de encontrar a alguien que pueda hacerlo por usted. Sin un control estricto sobre las finanzas de su negocio, no hay forma de saber lo que el futuro puede o no puede deparar. Eso no significa que no pueda gastar dinero. Este es un gran error que la gente comete.

En cambio, como empresario y dueño de un negocio, usted necesita aprender a gastar el dinero de la manera correcta.

Lo primero que debe hacer es determinar un presupuesto para el éxito de su negocio. Esto debería ser un presupuesto global al principio. Las cosas a considerar incluyen:

- Gestionar los gastos para que el negocio siga funcionando correctamente.

- Gestionar la deuda de su negocio debido al crecimiento o a los costes iníciales (para pagarlos con éxito).

- La gestión de los beneficios, si están disponibles, debe hacerse con una idea de cuánto se va a invertir en el negocio y qué se va a destinar a otras necesidades beneficiosas que tiene el negocio.

El presupuesto debe hacerse con cuidado, con una buena dosis de reflexión sobre cada una de estas áreas. En vez de un montaje del dólar, el presupuesto del negocio se debe hacer por porcentajes.

Tal vez el 20 por ciento de los beneficios se destinará a la inversión en el negocio, mientras que el resto de los beneficios se destinarán a pagar la deuda. Cualquier porcentaje con el que usted se sienta cómodo debe ser tomado en cuenta aquí.

Más allá del aspecto presupuestario de la gestión de los fondos están los aspectos estrictamente organizativos que hay que tener en cuenta. Es necesario llevar una contabilidad detallada y de buena calidad para gestionar el éxito general del negocio y los fondos hasta el último detalle.

Además, es necesario adoptar medidas para gestionar los gastos imprevistos e incluso asegurarse de que todo está bajo control.

Aunque esto parece obvio, muchas empresas fracasan debido a la mala gestión del dinero en las etapas iníciales. No se deje atrapar en la estafa de "No tengo tiempo ahora, lo haré después". Sin hacer esto desde el principio, no sucederá en todo su negocio.

¿No crees que lo necesites?

Si usted no cree que necesita hacer este tipo de contabilidad detallada de su negocio, se está preparando para un gran fracaso. Ahora bien, esto no quiere decir que no se pueda obtener un beneficio por ser descuidado, pero recuerde, estamos hablando a largo plazo.

Incluso las compañías internacionales muy grandes son muy cuidadosas con el destino de cada centavo que gastan. Después de todo, esto es dinero que podría estar haciendo algo por el negocio, ¿verdad? No importa si usted tiene cientos de dólares para presupuestar o miles de millones, el manejo estricto del dinero es la clave para financiar exitosamente cualquier negocio a través de los buenos y malos tiempos.

Además, asegúrese de que usted también está monitoreando estos números. No le hace ningún bien poner en marcha un sistema y usarlo, pero no utilizarlo al máximo. El hecho es que deberías estar haciendo estas cosas:

- Determine a dónde va el dinero y si se está haciendo con precisión.

- Determine dónde puede reducir los costos y los gastos.

- Determine lo que puede hacer de manera diferente por menos fondos, sin poner en peligro la calidad real de su negocio.

Estar un poco apretado con su negocio no es algo malo, asumiendo que usted se encarga de todos los aspectos de la necesidad del negocio, incluyendo la reinversión y el potencial de crecimiento también.

Su flujo de efectivo

El siguiente principio de administración de dinero que debe tener en cuenta es el de su flujo de caja. Sin tener una buena cantidad de flujo de caja en su negocio, se hundirá.

Si usted es dueño de una pequeña empresa, es aún más importante hacer esto simplemente porque no hay nada ni nadie detrás de usted para apoyar ese mal año o ese gran accidente que ha ocurrido. Los préstamos son sólo tan buenos y no son nada buenos si usted no puede conseguirlos.

La capacidad de mantener su flujo de caja es la clave para tener un negocio exitoso y a largo plazo. Sin un manejo cuidadoso del flujo de efectivo, su negocio no sobrevivirá en tiempos de vacas flacas o incluso en los mejores.

¿Cómo se hace esto? Hay varias cosas que debe tener en cuenta aquí.

En primer lugar, usted debe asegurarse de que como empresario tiene una buena mano fuerte en el flujo de caja de su negocio. Usted debe ser capaz de monitorearlo personalmente todos los días.

¿Suena esto como demasiado? Si no lo hace, no es posible que sepa cuál es la situación de su negocio en un día determinado. Eso puede conducir a problemas potenciales a largo plazo con su éxito.

Considere cuidadosamente todos y cada uno de los gastos que realice. Como empresario, usted necesita tomar estas decisiones sabiamente. Así como crecer demasiado rápido puede perjudicarlo, también puede perjudicarlo el no tener el flujo de efectivo para apoyar su negocio a corto o largo plazo.

Además, usted debe monitorear personalmente su presupuesto, sus gastos, sus ganancias y su capacidad de usar cada dólar que tiene sabiamente. Después de todo, para eso tienen ustedes esos presupuestos. Úselas, manténgalas y trabaje cada dólar para sacarle el máximo provecho.

Dos principios a recordar

Cuando se trata de éxito en los negocios, usted tendrá que considerar estos dos principios en cuanto a cómo va la administración del dinero.

Primero, considere esto: Usted sólo debe gastar dinero cuando hay un potencial para ganar dinero de ese gasto.

Es auto explicativo, ¿no? Usted no debería estar haciendo una inversión en su negocio, especialmente el dueño de un pequeño negocio, a menos que le permita ganar más dinero como resultado final y directo.

En segundo lugar, consideremos esto: "Si no es un ingreso, es un gasto."

¿Cómo influye eso en el negocio que usted está llevando a cabo actualmente? ¿Le ofrece la posibilidad de llegar a fin de mes con éxito? ¿Hace compras sin pensar cuidadosamente en esos dólares? Si no es un ingreso para usted, es un gasto.

Gestionar su flujo de caja con éxito le permitirá a su negocio depositar fondos en lugar de perderlos. Cuando usted hace esto con éxito, su negocio tiene el potencial de ser un éxito a largo plazo. Si desea estar allí en el futuro, administre su dinero con éxito, con un ojo puesto en casi cada dólar que tenga.

No es barato, es inteligente

Aunque parezca que le decimos que sea frugal o barato con su negocio, necesita asegurarse de que los fondos que está gastando sean fondos que se gasten sabiamente, sin desperdiciar.

¿Cómo puedes ser tan frugal (¡ese es un nombre mejor!) para que puedas encontrar el verdadero éxito al hacerlo?

- Determine cómo gasta cada dólar del presupuesto de su negocio.

- ¿Se está gastando ese dólar de la mejor manera posible? ¿En qué se está gastando beneficia su balance final?

- ¿Existe una mejor manera de gastar ese dólar? ¿Puede obtener más por ello con otra compañía o servicio u otra oportunidad?

- ¿Existe una manera de ahorrar mejor su dinero, con un mejor rendimiento?

Estas son preguntas que cualquier dueño de negocio debe considerar todos y cada uno de los días en que es dueño de su negocio. ¿Qué puede hacer mejor para ahorrar más en su negocio para su negocio?

¿Por qué hacer esto?

¿Cuántos millonarios, o incluso multimillonarios, han oído hablar de que todavía conducen sus viejos y destartalados coches? ¿Por qué hacen eso cuando pueden permitirse tener coches mucho más bonitos y caros?

No es porque no quieran gastar dinero o porque les guste ser baratos. El beneficio aquí viene realmente del hecho de que les gusta ahorrar. Ahorrar dinero en efectivo para su negocio es una gran manera de encontrar el verdadero éxito porque usted tendrá esos fondos para usar una y otra vez cuando los necesite.

El fundador de Wal-Mart, Sam Walton, tenía un valor de 25 mil millones de dólares en un momento de su carrera. ¿Creerías que incluso con ese tipo de valor él todavía conducía su vieja camioneta en el trabajo todos los días? El ser frugal tiene sus recompensas ya que esto es obviamente lo que lo llevó a tener un patrimonio neto de 25 mil millones de dólares.

Cuando usted es frugal, su negocio prosperará, año tras año. Si usted es un gastador, no tendrá los fondos para permitir que eso suceda año tras año, ¿verdad?

Todos estos consejos para ahorrar dinero y manejar dinero en efectivo pueden no parecerle un gran problema. Si ese es el caso, ya las están haciendo y encontrando el éxito con ellas, o en realidad están desperdiciando dinero y no están logrando el éxito que ya desean.

Sin embargo, la administración inteligente de sus fondos es uno de los componentes clave para su éxito en una pequeña empresa. Todo empresario debe tomarse su tiempo para hacerlo o se encontrará sin los beneficios que tanto necesita.

Al final, ¿merece la pena ser un poco frugal para alcanzar ese enorme valor neto multimillonario? No hay ningún coche en este mundo que pueda hacer ese tipo de promesa a usted, ¿verdad?

Asegúrese de instalar estos beneficios y principios de administración de dinero en su rutina diaria y metas a largo plazo dentro de su negocio.

Marketing para el verdadero éxito

Si usted es un empresario, el marketing es algo que está en su sangre; al menos debería estar ahí si planea tener clientes.

Sin embargo, ¿comercializa su negocio para lograr un verdadero éxito y beneficios a largo plazo?

Si usted piensa que sí, puede que no entienda realmente el verdadero potencial de las herramientas de marketing adecuadas.

¿Qué es el marketing? El marketing es lo que atrae a un cliente a su negocio. Necesitas dejar que los demás sepan que estás ahí y que estás listo y dispuesto a proporcionarles un servicio.

Sin embargo, esa definición básica no es suficiente para llevarle a través de todo el proceso de marketing para el éxito de su negocio.

Si desea tener éxito a largo plazo, tome el marketing mucho más en serio y siga estos consejos para varios aspectos del marketing.

Determine el potencial de sus productos

Antes de que usted pueda tener éxito en la comercialización de su negocio, usted debe tomar una buena cantidad de tiempo para determinar lo que es acerca de lo que usted tiene, que otros sí quieren.

En otras palabras, ¿qué es lo que proporciona su producto? Un negocio exitoso ofrecerá algún tipo de satisfacción inmediata para una necesidad que alguien tiene. Usted debe considerar esto incluso antes de entrar en el negocio. ¿Qué es lo que su producto tiene el potencial de resolver o llenar la necesidad de?

Además, debe determinar cómo puede ofrecer estas cosas a sus clientes para mejorar su vida. Tal vez usted pueda ofrecerles algo que resuelva un problema que ellos tienen, pero que aún así es algo que es asequible para remediar esa solución.

Tener un beneficio claramente definido para el mercado es esencial para sacar el máximo provecho de su producto. La gente quiere saber, "¿Qué hará por mí?" y "¿Por qué debería comprar esto por otra cosa?"

Cuando usted puede averiguar cómo esto juega un papel en las capacidades de su producto, usted puede ver el curso correcto de comercialización de ese producto. Responder a estas preguntas es lo que usted debe hacer para encontrar el éxito definido aquí.

La fijación de precios también es importante

El siguiente objetivo a tener en cuenta es el de la fijación de precios. Cuando se trata de marketing, puede que no pienses en el precio que le pones a tu producto, pero esto también importa. La gente se mueve por las ventas y los tratos. Les gusta un producto que puede proporcionarles la capacidad de resolver sus necesidades, pero de una manera rentable.

Sin el precio correcto, no hay ninguna diferencia en la forma de comercializar el producto al final.

¿Qué busca la gente cuando se trata del precio de un producto o servicio? Quieren algo que sea justo, no algo que les haga quebrar. Además, la mayoría de la gente entiende perfectamente que existe la necesidad de que la empresa obtenga beneficios. El problema viene cuando se están aprovechando de ellos.

Además, la competencia también es importante en este caso. Si su producto es mejor que otro, quizás debería ser más, pero no debería ser escandaloso porque, si lo es, nadie se molestará con él.

Tenga en cuenta su capacidad de ser llamado una Proposición de Venta Única. Esto significa que tendrá características similares, pero al menos únicas, que le permitirán competir con otros productos.

Por supuesto, como mencionamos, su producto debe satisfacer la necesidad de alguien ahí fuera. Pero, si hay cinco productos diferentes haciendo eso, puede ser difícil para usted encontrar su nicho. Por lo tanto, usted debe crear para sí mismo una calidad única que impulsará su comercialización y sus precios.

¿Qué hace que su producto sea mejor, en otras palabras?

Si usted es un nuevo propietario de un negocio, por ejemplo, y está buscando un nuevo producto en el que invertir, es posible que no desee intentar crear su propio producto, servicio propio u otro componente. Más bien, usted puede decidir que tomar algo que ya está en el mercado y encontrar una manera de hacerlo aún mejor, o a un mejor precio, es la manera correcta de hacerlo.

Comercialización eficaz

A lo largo de este capítulo hemos hablado sobre las formas en que puede comercializar su negocio con éxito. Ahora, tenga en cuenta sus beneficios de ventas.

¿Puede decir que cuando todos y cada uno de sus empleados (o sólo usted) entra por la puerta, su objetivo es satisfacer a un cliente?

No sólo para servir a un cliente, sino también para satisfacerlo. Si usted no puede decir eso, entonces quizás su marketing en términos de ventas no está funcionando tan efectivamente como debería.

Esto es lo que queremos decir. Si usted planea establecer y obtener un beneficio, entonces su objetivo es simplemente aprovechar al máximo el negocio que obtiene.

Pero, ¿qué tal si te propones complacer a todos los clientes? Entonces, usted no sólo obtendría esa venta, sino que también conseguiría que ese cliente volviera una y otra vez.

Ya que estamos hablando de metas a largo plazo y éxito, tiene sentido asegurarse de que su meta en ventas es ser el mejor en lo que usted hace para complacer a su cliente de tal manera que él ni siquiera considere ir a otro lugar para sus necesidades.

En su negocio, usted necesita mantener sus técnicas de marketing y ventas enfocadas en crear y mantener a sus clientes.

Ventas para el éxito

Tomando este paso más allá, usted también necesita tomar en consideración sus habilidades de ventas. Como empresario exitoso, usted necesita considerar cuidadosamente cómo está vendiendo, cuán efectivo es y cómo puede mejorarlo a corto y largo plazo.

Si usted no puede vender, no puede tener éxito en su negocio. A quemarropa, estás acabado.

Primero, como dueño del negocio, usted debe ser capaz de venderse a sí mismo. ¿Eres la persona de negocios que es:

- Accesible
- Agradable
- Amigable
- Educado
- ¿Dedicado?

¿O eres tú el tipo del que todos huyen cuando entran a tu puerta? Venderse a sí mismo como un recurso confiable de información y productos es la mejor manera de convertirse en el hombre de confianza.

Además de esto, usted también necesita vender efectivamente su producto a su cliente. Esto también va junto con la comercialización de su negocio para el éxito.

En resumen, si usted no puede vender su negocio con éxito, entonces usted no tiene negocio en el negocio. Aprenda a entusiasmarse con su propio producto. Luego, aprende a venderla con éxito a quienes te rodean.

Usted necesita hacer esto primero antes de animar o entrenar a otra persona para que lo haga por usted. Estar entusiasmado, entusiasmado, positivo y seguramente vigorizante es el camino a seguir en este caso.

Si no te sientes cómodo hablando de tu producto o negocio con tus amigos más cercanos, ¿cómo puedes venderlo a un completo desconocido?

Aquí está el resultado final de la comercialización y las ventas. Si usted no puede tener éxito en obtener su producto por ahí y conseguir que otros lo vean de la manera que usted lo hace, entonces usted no puede encontrar el éxito con él.

La experiencia en ventas es esencial para que las ventas ocurran. Tener ventas; significa tener clientes que volverán a usted. Eso equivale a un éxito a largo plazo para usted, como propietario de un negocio.

Principios para recordar y usar

1. Comience su negocio con la mirada puesta en su éxito a largo plazo.

2. Establezca y mantenga metas que puedan lograrse con objetivos a largo plazo.

3. Maneje el crecimiento cuidadosamente, sin obstaculizar sus beneficios a largo plazo.

4. Comprenda su mercado y cómo pertenece a él.

5. Sea el marcador de tendencias, con

precaución.

6. Aprende de lo bueno y lo malo de tu pasado.

7. Invierta sabiamente, decida sabiamente también.

8. Crezca sabiamente sin desperdicios.

9. Administre sus fondos con prudencia, rigor, frugalidad y cuidado.

10. Aprenda a comercializar su negocio correctamente y con eficacia.

Pensamientos finales

En un mundo que se centra en el aquí y el ahora, es crucial para su propio bienestar mantener un ojo en su futuro.

Cuando, usted utiliza prácticas de negocio sabias como las que hemos hablado en esta e-libro; sus metas terminan siendo bastante beneficiosas. No sólo puede encontrar el éxito para su negocio hoy, sino que el futuro a largo plazo de su negocio está más asegurado.

Un negocio es una inversión y puede ir en cualquier dirección (bueno y rentable o malo y costoso). Cuando usted comienza con el pie derecho, proporcionando las herramientas correctas, el conocimiento correcto y algunos principios para la forma en que usted maneja su negocio, usted se encuentra con más capacidad para dirigirse en la dirección positiva de su negocio.

No importa si su negocio es enorme y vale miles de millones de dólares o si se trata de un negocio totalmente nuevo. El objetivo es darle los principios que pueden ayudarlo a crecer y prosperar.

Si usted se toma el tiempo para analizar, ejecutar, y luego volver de nuevo y empezar de nuevo cada uno de estos aspectos en su negocio, el resultado final es el éxito.

Es tu dinero. Puedes gastarlo como quieras. El uso de estos principios clave le ayudará a tener un negocio exitoso que agrega dólares a su bolsillo a través de los años al mantener una presencia en el mercado.

www.ingramcontent.com/pod-product-compliance
Lightning Source LLC
Chambersburg PA
CBHW072025230526
45466CB00019B/554